VICTOR VILLASEÑOR

Juntando Chispitas de las Estrellas

ILUSTRADO POR
JACK WIENS

Buena Vida Press
Vista, California

Juntando Chispitas de las Estrellas Primera impresión, 2026

ISBN-13: 978-1-970107-49-4 (tapa dura)
ISBN-13: 978-1-970107-50-0 (libro electrónico)

Número de control de la Biblioteca del Congreso: pendiente

Juntando Chispitas de las Estrellas publicado por: Buena Vida Press

Para obtener información sobre descuentos especiales por compras al por mayor, envíe un correo electrónico a: teri@topreadspublishing.com

Ilustraciones por Jack Wiens
Diseño del libro y portada por Teri Rider
Traducción por Carmen M. Blum, Victor E. Villaseñor, Alejandra B. Martínez, y primer borrador por Luz A. Guerrero

Buena Vida Press
Un sello de Top Reads Publishing
1810 Alessandro Trail
Vista, CA 92084 USA

Impreso y hecho en Los Estados Unidos de América

DEDICATORIA

Este libro está dedicado a honrar al Ser Infantil Eterno que llevamos dentro de cada uno de nosotros, y especialmente para Beth, Conor, Diego, Claire, mi hermano José, y a todos quienes fallecieron a una edad muy temprana.

Porque estas ALMAS LUMINOSAS sabían hasta lo más profundo de su Ser, aún cuando estaban Juntando Chispitas de las Estrellas desde el otro lado de los Cielos, que regresarían temprano al Lado del Ser Celestial para ayudarnos en Este Lado de la Vida.

¡Así, que por eso, ninguna de estas Almas Jóvenes Ancestrales falleció antes de su tiempo! En realidad, fallecieron en el tiempo preciso, ¡con el ritmo de la Gran Sinfonía Milagrosa de Nuestro Universo en constante Expansión y Contracción!

“Tuve un Sueño. Tuve una Oración. Tuve una Visión. Todos estamos yendo Juntos a Algún Lugar”.

Tim Redbird Whitefox

“Todo aquello que puedas hacer o sueñes que puedes hacer, ¡comiénzalo! ¡La resolución, tiene genio, poder, y magia!”

Johann Wolfgang von Goethe

“Sé que Dios no me daría nada que no pueda sobrellevar. Solo desearía que Él no tuviera tanta confianza en mí”.

Mother Teresa of Calcutta

“Cuando una persona verdaderamente desea algo, el universo entero conspira para que esa persona pueda realizar su sueño”.

Paulo Coelho

“Antes de la civilización, tú, yo, nosotros, todos éramos como las yerbas silvestres, en toda nuestra Madre Tierra. ¡Incivilizados, salvajes de corazón, vivos de alma e indestructibles de fe, mientras buscamos alcanzar la Milagrosa Luz del Sol de Dios!”

Doña Margarita

“Diariamente miles de genios viven y mueren sin ser descubiertos, ya sea por ellos mismos o por otros”.

Mark Twain

“En el desorden, encuentra la simplicidad. En la discordia, encuentra la armonía. En medio de la dificultad se encuentra la oportunidad”.

Albert Einstein

“El respeto al derecho ajeno, es la paz”.

Benito Juárez

“Los de abajo, son el corazón del pueblo, y el alma de toda la humanidad”.

Mariano Arzuela

“Ya sea que sepas a dónde vas o no, de todos modos, allí llegarás”.

Henry Miller

“Cuando se casan dos personas, no es Matrimonio. Es matar a los demonios, con amor y mucho cariño”.

Juan Salvador Villaseñor

CONTENIDO

Mi Verdadera Historia

Nací en nuestro hogar, el día 11 de mayo de 1940, en el antiguo Barrio mexicano de *Carlsbad*, California, al que nosotros, la gente, le llamábamos *CarlosMalo*.

En aquel entonces, todo Carlsbad era un pueblito pequeño rodeado de tierras agrícolas, tanto de flores como de huertas de aguacate, naranjas y limones.

Mi abuelita nativa americana, me crio según la antigua costumbre Yaqui, *"que, vivimos en el Paraíso aquí, en la Madre Tierra"*. ¡Porque, cada día es otro Milagro de Dios, y está lleno de aventuras increíbles y de Magia Sagrada!

¡Espero que disfrutes de mis historias!

Victor Villaseñor

Gratitud

¿Quién eres?
¿Quién soy?
¿Quiénes somos?

Ven, toma mi mano, y seamos niños otra vez, y esta vez, seamos criados juntos por mi mamagrande indígena Yaqui.

Oh, recuerdo bien que, diario por la mañana mi viejita y rechonchita mamagrande, me envolvía en su zarape calientito, y de prisa me llevaba cruzando nuestro pequeño patio de atrás, pasando por su gran árbol de aguacate, a su casita al costado del callejón, y aquí, cada mañana, comenzaba la magia.

—Pon tus dos manitas sobre tu corazón, mijito, y canta conmigo—, decía.

Pronto, yo ponía mis dos manitas sobre mi corazón, para poder cantar junto con mi mamagrande.

—¡Buenos días! ¡Buenos días! ¡Buenos días!— cantábamos juntos ¡con mucha alegría y gusto!

Entonces, ella me decía: —Mira, a Nuestro Padre Sol, el Ojo Derecho de Dios, que acaba de aparecer por la cima de esa lejana loma, disparando rayos de hermosa luz dorada llenos de esperanza para toda la Tierra. Y nuestros hermanos pájaros están cantando, y nuestras hermanas flores están sonriendo y volteando sus bellos rostros hacia el Sol. Oh, todos estamos juntos tan felices dando Gracias a Dios Nuestro Creador—.

Yo miraba a mi alrededor y me daba cuenta de que era verdad. Los pájaros en todos los árboles que nos rodeaban cantaban con su pico apuntando hacia el cielo. Y las flores sonreían y bailaban con toda su belleza. Y mi abuelita y yo no podíamos dejar de sonreír, estábamos tan felices dando Gracias también.

—Oh, mijito, —decía mi abuelita—, ¿lo puedes sentir? Nuestra Madre Tierra y nosotros y todo el resto de la Creación nos ponemos tan felices cuando damos Gracias a Papito Dios durante la primera hora de la mañana, porque una vez más nos ha Bendecido con otro maravilloso día lleno de la Milagrosa Luz del Sol—.

Y ahora, mi abuelita me hacía cosquillas y me besaba y yo pataleaba con mis piernitas, riéndome de alegría, y me decía que mirara las hojas de nuestros grandiosos árboles, brillando con el resplandor de la Milagrosa Luz de Nuestro Ojo Derecho de Dios ¡que nos da Toda la Vida!

Y yo miraba y veía que era la verdad. ¡Ahora las hojas de todos los árboles bailaban con tal alegría! Que nuestros árboles brillaban, emanando una suave luz dorada.

—Y, esa suave luz dorada que ves brillar entre nuestros árboles, —me decía mi mamagrande— es el Amor Sagrado de la Respiración de Nuestro Cariñoso Dios, tocando suavemente con su aliento las Almas de Nuestros Árboles.

—Verás, mijito, Nuestra Maravillosa Madre Tierra y toda la Creación está viva y respira y tiene Alma. Y en mi lengua materna, la palabra para Dios, y la palabra para Respirar, son exactamente la misma palabra.

—Así que, con cada *DiosRespiración*, Nuestro Cariñoso Dios, cada mañana, está Bendiciendo la Mágica Vida Sagrada directamente al Alma de Nuestra Amada Madre Tierra, y a todos los árboles, y a todas las flores, y a todos los pájaros, y a todas las hormigas, las moscas, y a todas las piedras, que ahora se están calentando con el maravilloso Amor de Dios, y comienzan a ronronear—.

—¡Y a nosotros también! —yo gritaba—. ¡A nosotros también!

—Sí, —me decía riendo—, y por supuesto, Nuestro Santo Creador también nos Bendice cada mañana con la Sagrada Magia directamente al Alma de todos nosotros los Seres Humanos—.

—Sí, —yo le decía, extendiendo mi mano para tocar las piedras más cerquitas a nosotros—, ¡así que nosotros también podemos ronronear como las piedras, y como ronronea nuestra grande y vieja mamá gata con sus gatitos!

—Exactamente, y nuestro ronroneo comienza justo aquí, ¡detrás de tu pequeña oreja izquierda! —me decía— haciéndome cosquillas detrás de la oreja y, ¡pronto me sentía gustoso y tan feliz! —Y este ronroneo se mueve al derredor por la parte de atrás de nuestra cabeza llegando a nuestra oreja derecha, y es por eso que ahora sabemos que nuestros Corazones y Almas están llenos con la Magia Sagrada de Nuestro Cariñoso Dios.

—Y todos estos Maravillosos Milagros, tú, mi pequeño amorcito, ayudaste a Crearlos cuando cruzaste el Universo acompañado de tu propio Ángel de la Guarda, Juntando Chispitas de las Estrellas, para que los dos pudieran ayudar a Papito Dios a plantar el Paraíso en la Tierra.

—Así que, recuerda siempre, que esto es lo que nosotros los humanos somos, mijito, los ayudantes de Dios, porque Nuestro Cariñoso Papito Dios no puede lograrlo sin nosotros. ¡De hecho, hemos estado haciendo Su Santa Obra Sagrada de plantar el Paraíso en miles y miles de otras Tierras Madre a través de todo Nuestro Universo!

Al oír esto, ¡me reí a carcajadas!, pataleando de alegría con mis piernitas. ¡Oh!, me parecía tan maravilloso que Papito Dios no lo podía lograr sin que mi Ángel de la Guarda y yo trajéramos las Chispitas que habíamos Juntado de todas las diferentes Estrellas.

—Así que, date cuenta, mijito, —decía mi abuelita ahora, soplando pequeños besos en mi ombliguito—, es por eso por lo que tú y todos los niños son tan especiales, y necesitan ser muy, muy,

muy cuidadosos con lo que plantan. ¿Siembras ira y gritos? o... ¿Siembras bondad y muchos abrazos y amor?

—¡Plantamos muchos abrazos y amor! —Yo gritaba—

—¿Y por qué?

—¡Porque es más divertido!

—Exactamente, —decía ella— y ahora abrázame, y frota tu nariz con la mía, porque con nuestros oídos y nuestra nariz, es muy fácil colmarnos con el buen sentimiento de la Magia Sagrada de Dios—.

Y era verdad. Además de que me hiciera cosquillas en los oídos y de que frotara mi pequeña nariz contra la grande y redonda nariz calientita de mi abuelita, lo mejor fue saber que estábamos llenos del Sagrado Mágico Amor de Dios.

Luego, riéndose con gusto, me decía: —Porque recuerda siempre que nosotros, los humanos, no somos tan fuertes como las hormigas, no somos tan rápidos como las moscas, y no somos tan inteligentes como las abejas, y no tenemos un pelaje grueso que nos mantenga calentitos como la zorra, y no tenemos alas como las poderosas águilas. Y por eso nos abrazamos y reímos tanto, y luego todas las noches, cuando nos vamos a dormir, viajamos con Nuestro Ángel de la Guarda de regreso al Cielo para dormir en los amorosos y calientitos brazos de Papito Dios.

—Dormir con Nuestro Dios Cariñoso es lo que mejor sabemos hacer los humanos, mijito. Y por eso a ti y a tu Ángel de la Guarda les encanta dormir y tomar pequeñas siestas, porque te despiertas sonriendo y a veces, ¡hasta riéndote a carcajadas!

Y mi abuelita tenía razón. Mi Ángel de la Guarda y yo siempre nos despertábamos sonriendo y, a veces, ¡hasta riéndonos a carcajadas!, sintiéndonos de maravilla al saber que estábamos conectados por siempre con Nuestro Sagrado Creador con el ronroneo que comenzaba detrás de la oreja izquierda yendo alrededor detrás de nuestra cabeza hacia la oreja derecha.

Poniéndose de pie y estirándose, mi mamagrande decía: —¡Órale mis huaraches! Es hora de irnos a trabajar. Ya hemos hecho Nuestros Primeros Dos Milagros del día.

—El Primer Milagro, es que hemos despertado, y hemos llenado nuestros Corazones y Almas con el Amor de Dios con cada DiosRespiración—.

—El Segundo Milagro, es que le hemos dado Gracias junto con nuestras hermanas flores y nuestros hermanos pájaros al Ojo Derecho de Nuestro Sagrado Creador, y ahora es el momento de que hagamos uso de nuestras maravillosas manos, un regalo de Dios y nos pongamos a trabajar, al igual que los pájaros que han dejado de cantar y han volado a los campos en busca de alimento—.

Y así, mi mamagrande y yo íbamos a nuestro pequeño jardín junto a la descompuesta llave de agua que goteaba.

Toda la noche la llave que goteaba había estado llenando de agua una olla grande de mi abuelita, y ahora ella, con su cubeta y yo con mi tacita, recogíamos agua y caminábamos hacia la hortaliza circular de Nuestras Tres Hermanas Sagradas: el maíz, los ejotes y las calabacitas.

Primero, plantábamos nuestro maíz, dándole tiempo para que creciera alto, derecho y fuerte. Luego plantábamos nuestros ejotes para que pudieran enredarse en el tallo del maíz. Y, por último, plantábamos nuestras calabazas para que sus grandes hojas dieran sombra a nuestra pequeña hortaliza circular, y así usar menos agua para que crecieran Nuestras Tres Hermanas Sagradas.

Oh, me encantaba caminar con mi tacita de agua de un lado a otro de nuestra vieja llave de agua que goteaba, hasta nuestra hortaliza y jardín, derramando agua sobre mis piernitas y pies. Y pronto mi caminito estaba todo enlodado, y la tierra arenosa se sentía ¡tan suave entre mis deditos de los pies!

Y luego, cuando me resbalaba y me caía, siempre movía con mucho gusto mi traserito desnudo en la tierra enlodada tal como los patos en un charco, y ¡oh, me daba comezón y me sentía de maravilla!

Y todo esto pasaba casi al mismo momento en que mi mamá llegaba a la puerta de atrás de nuestra casa y anunciaba que el desayuno estaba listo. ¡Huevos con chorizo, tortillas recién hechas en casa y bastante aguacate!

Yo gritaba de alegría, ¡tenía tanta hambre! Después de haber dado Gracias a Papito Dios y a toda nuestra familia de la creación, y después de haber hecho tanto trabajo, y me sentía ¡muy feliz!

MI CASA ES TU CASA

Aventura

¡Después de desayunar, yo brincaba de emoción! Nuestro Padre Sol ya estaba a cuatro puños arriba del horizonte, y mi mamagrande como todas las mañanas, me sentaba en nuestra carretilla roja junto con las verduras que habíamos colectado.

Todavía no hacía mucho calor, así que este era el mejor momento para recorrer el Barrio haciendo trueque, cambiando nuestras verduras por tomates, huevos y queso de chiva, y lo mejor de todo, pan dulce mexicano recién horneado, que era, por supuesto, ¡mi favorito!

Nuestro Barrio mexicano de *CarlosMalo* se encontraba al sur del centro de Carlsbad, California, y nuestras calles no estaban pavimentadas y no tenían banquetas como la parte de los güeros en la ciudad.

Nuestras calles eran de tierra y tenían grandes baches, y nuestras chivas y cerdos corrían libres junto con los gatos y perros.

Eran nuestras hortalizas de vegetales y jardines de flores las que tenían cerca. Y esto hacía mucho sentido, ya que las flores y las verduras no podían correr por todas partes en busca de comida como nuestras chivas y cerdos, perros y gatos, y por supuesto, nuestras gallinas.

—Ahora recuerda, mijito, —me decía mi mamagrande cuando estábamos listos para irnos—, todos los humanos somos realmente buenos de corazón. Por eso, cada vez que salimos de nuestra casa, es Nuestro Bendito Deber decir algo o hacer algo para que al menos 10 personas abran sus corazones, con sonrisas y alegría.

—Esta, mijito, es la forma en que nosotros, la gente del pueblo, podemos ayudarle a Papito Dios a realizar lo mejor en los seres humanos, y también ayudar a hacer de este, un mundo mejor y más amable.

—¿Cómo la ves mi amorcito?, ¿estás listo? Entonces, aquí vamos, tú y yo y Nuestros Ángeles de la Guardia con nuestras verduras frescas que cultivamos con mucho, mucho Amor y, por supuesto, con las Bendiciones de Papito Dios—.

Y diciendo esto, ella empezaba a empujar nuestra pequeña carretilla roja de madera, que mi Papá construyó, y cargada de nuestras canastas llenas de verduras, y conmigo arriba de pilón, gustoso y con mis felices piernitas colgando. Primero, salíamos a nuestra calle chica enfrente, luego dábamos vuelta a la derecha y pasábamos al lado del salón de billar de mi papá, donde había cajas de botellas de cerveza vacías y apestosas.

Sal's
POOL
HALL
BEER
BEER
BEER

Luego, en la esquina, volvíamos a dar vuelta a la derecha y ahora, ¡oh, vaya, estábamos en la calle principal de nuestro grande y emocionante Barrio de *CarlosMalo*!

Por dondequiera estaba lleno de vida con niños grandes que gritaban y perseguían sus pelotas, y perros que corrían y ladraban, y algunos camiones grandes y viejos todos enlodados con enormes llantas y rugientes motores.

Y entonces, de repente, un camión grande frenó bruscamente y comenzó a pitar a bocinazos fuertemente. Y justo allí, junto a las grandes llantas delanteras del camión, estaba una madre puerquita blanca con manchas de color café con su grupo de adorables cerditos chillones cruzando la calle, y sin tener mucha prisa al cruzar.

Al fin y al cabo, ésta también era su calle, y tenía tantos baches grandes que todos los camiones y coches tenían que conducir muy despacio, sobre todo después de una buena lluvia, cuando los baches más grandes se llenaban de agua y los niños del Barrio jugaban en ellos como si fueran pequeñas albercas.

Finalmente, el camionero, que era un extraño y no conocía las costumbres de nuestro Barrio de *CarlosMalo*, dejó de tocar el claxon, y él, también, se reía con gusto mientras veía a la mamá puerquita y a sus pequeños cerditos cruzar la calle.

Y qué bueno que el camionero dejó de tocar el claxon, porque Doña Cuca, la orgullosa dueña de los cerdos, ya estaba a medio camino cruzando al otro lado de la calle con su gran escoba, lista para golpear al extraño en la cara a través de su ventanilla abierta si no dejaba de espantar a sus queridos cerditos pitándoles con tales bocinazos.

Pero al verlo, ahora sonriéndole a la madre puerquita, Doña Cuca bajó la escoba, y cuando el camionero miró a la anciana vestida de colores con su gran escoba en la mano, ¡se echó a reír a carcajadas!

—¿De verdad me iba a pegar con esa escoba? —preguntó—.

—¡Téngalo por seguro! —gritó la gran Doña Cuca lo suficientemente fuerte como para que todas las personas que estaban viendo la escucharan—. ¡Agradece a tus estrellas de la buena suerte de que tu madre te crió respetando a las madres! ¡Porque un bocinazo más a mi madre puerquita que va cuidando a sus pequeños, y habrías recibido un escobazo en la cara que recordarías por el resto de tu vida!

Y toda la gente del Barrio que estaba observando se echó a reír y a aplaudir. Mi mamagrande y yo también nos reímos y aplaudíamos.

Luego mi abuelita continuó empujándome por la concurrida calle de nuestro maravilloso Barrio, y más adelante, hicimos nuestra primera parada en la casa de la mejor amiga de mi mamagrande.

Se llamaba Doña Gloria, y, al igual que la casa de mi abuelita —que mi Papá había construido por 25 dólares—, su casa también medía diez pies por quince pies. Y en ese pequeño espacio, Doña Gloria tenía su cocina, recámara, sala y su altar en una esquina donde rezaba y bordaba, al igual que mi mamagrande.

Pero muy diferente a la casa de mi abuelita, que estaba pintada toda de blanco, la casa de Doña Gloria estaba pintada de un rosa brillante con adornos turquesas alrededor de la ventana y de la puerta de entrada.

El color rosa, me decían, atraía nuestros buenos sentimientos felices de la vida, y el turquesa atraía a los Espíritus Sagrados de Sanación, así que esta fue la razón por la que mi mamagrande también pintó de color turquesa alrededor de su ventana y de la puerta de su casa que, antes, era toda blanca.

No habíamos hecho más que detenernos, cuando mi abuelita y su mejor amiga comenzaron su jugoso y feliz ritual de risas y abrazos, luego a hacer la Señal de la Cruz sobre sí mismas y dar gracias juntas a Papito Dios que nos había bendecido una vez más con otro glorioso día de Lluvia de Milagros de Oro.

—¿Viste el amanecer esta mañana? —preguntó Gloria—, quien también estaba vestida de colores como Doña Cuca.

—Claro que sí, —dijo mi mamagrande—, que vestía de manera muy sencilla de color café crema con blanco.

—Oh, te juro que esta mañana Nuestro Ojo Derecho de Dios me guiñó un ojo—, dijo Gloria, riéndose.

—Estoy segura de que lo hizo —dijo mi abuelita, riendo a carcajadas— ¡Porque te juro mujer que cada año, nosotras las viejitas nos ponemos más hermosas y más ¡hay que caray! ¡ya, ya, ya!

—¡Gloria gritó riéndose! —¡Oh, realmente sabes cómo hacer que una vieja se sienta de maravilla!

—Viejas ¡son las montañas! —dijo mi mamagrande, riéndose todavía—, porque la belleza de las mujeres de buen corazón no tiene edad—.

—Tienes toda la razón, —dijo Gloria— envejecer para nosotras, las abuelitas, es como los ríos que cortan profundos y hermosos cañones arrugados en Nuestra Madre Tierra—.

Mi abuelita y su mejor amiga continuaron hablando, riendo y tirándose piropos una a la otra, pero yo dejé de prestar atención.

Porque por lo que Doña Gloria era realmente famosa, era no solo por tener las mejores gallinas del Barrio, sino que también era la orgullosa dueña de nuestro famoso gran gallo rojo que, según la leyenda, era el rey de todo nuestro Barrio.

Oh, esta historia del gran rey gallo rojo la había escuchado al menos 100 veces. Y lo que sucedió fue que, un día un perro grande y bravo del otro lado de la ciudad había entrado en nuestro Barrio atacando a nuestras chivas, cerdos y perritos, y luego había acorralado a una gallina madre con sus pollitos, bajo la gran raíz trenzada de uno de nuestros enormes eucaliptos, que tenía forma de pata de elefante.

Y fue entonces cuando el gran rey gallo rojo de Doña Gloria llegó al rescate, con sus fuertes cánticos y rechinidos. La gente que lo vio dice que ¡saltó diez pies al aire y bajó volando con sus enormes alas gigantescas y gritando como el mismísimo diablo!

Al instante, el gran perro bravo se agachó, se dio la vuelta, aterrorizado y con un doloroso aullido escapó. Pero nuestro gran rey gallo rojo no se detuvo, y continuó cabalgando y espoleando al enorme perro hasta que salió de nuestro Barrio.

Luego dicen que una vez que nuestro gallo King Kong venció al gran perro bravo, regresó pavoneándose por la calle de nuestro Barrio con una elegancia tan regia que Doña Gloria instantáneamente dobló el precio de los huevos de sus gallinas, de 2 centavos el huevo ¡a 4 centavos!

Porque ahora, todos los hombres de nuestro Barrio solo querían comer huevos de gallinas aparejadas por el *King Kong* gallo del Barrio, para así ellos también ser valientes y no tener miedo al defender a sus familias.

¡Oh, esta historia me encantaba! ¡Era tan emocionante vivir en un vecindario tan lleno de chismes jugosos y grandes leyendas!

Debo haberme quedado dormido, porque después de intercambiar nuestras verduras por leche de chiva, luego por flores para mi madre, no recuerdo las últimas paradas que hizo mi mamagrande.

Todo lo que sabía era que ella ahora estaba jadeando y jadeando y respirando muy fuerte mientras empujaba nuestra pequeña carretilla roja. Y esto significaba que ella había dado otra vuelta a la derecha, y ahora estábamos donde el suelo estaba blando y arenoso y ella tenía que empujar más fuerte.

Y también, este era el Lugar Mágico donde todos los días, yo miraba miles de Angelitos bailando en las ramas de una larga hilera de enormes árboles de eucalipto.

Oh, siempre estaba tan fresco, sombreado y tranquilo aquí, lejos de todo el barullo y ajetreo de nuestro Barrio. Y aquí, mi abuelita se despegaba la blusa, limpiándose el sudor de su cara y cuello con su pañuelo blanco bordado con florecitas rojas y hojitas verdes.

El Paraíso, mi abuelita siempre me decía, es bordando pacíficamente con nuestras manos que Dios nos dio.

El Paraíso, es también, estar calladito, rezando con nuestro Rosario en la mano, sintiendo cada una de sus pequeñas y suaves cuentas.

Y el Paraíso, es también cuando todos los días descansamos juntos un poquito, y miramos en silencio que las ramas de estos enormes y magníficos árboles están llenas de Angelitos bailando.

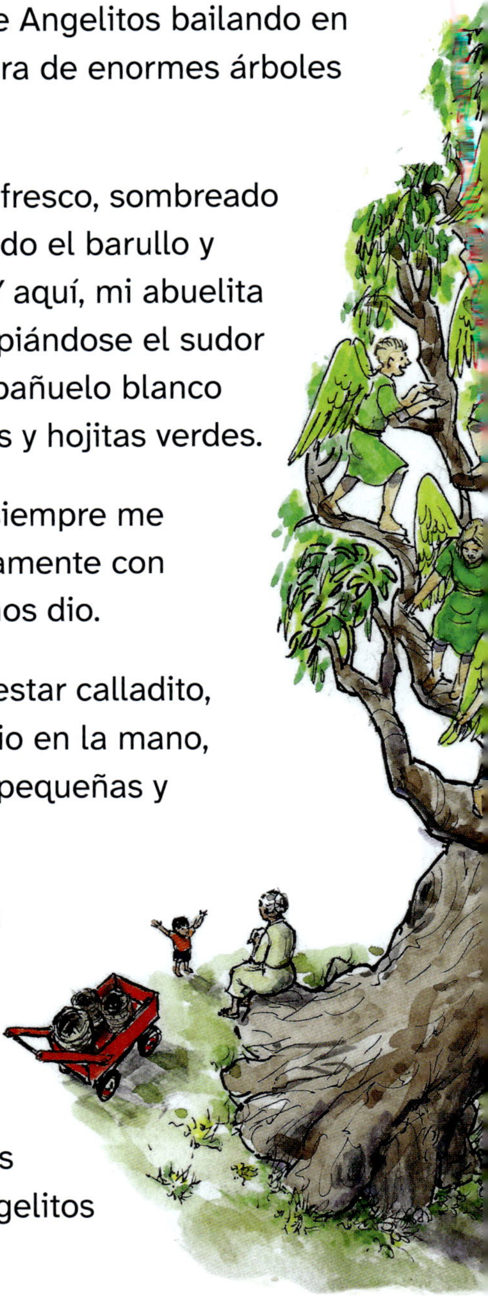

—Verás, mijito, —me explicaba—, el Paraíso está con nosotros todo el día cuando comenzamos nuestro día dando gracias al Bendito Ojo Derecho de Nuestro Cariñoso Creador. Porque entonces, Mijito, nosotros los humanos vemos la vida, a través del Ojo Derecho de Nuestro Cariñoso Dios, también.

—Oh, mijito, nada más mira hacia las ramas de este gran árbol tan antiguo, y a través del Ojo Derecho de Nuestro Cariñoso Dios, no solo vemos Angelitos bailando, sino que también vemos belleza en cada una de sus partes rotas y antiguas.

—Porque en Nuestros Corazones, podemos sentir hondamente hasta lo más profundo de nuestros huesos todas las tormentas y relámpagos que este magnífico y viejo árbol ha soportado—.

Y, yo miraba, y era la verdad. No solo vi Angelitas y Angelitos bailando, sino que también pude ver y sentir el dolor de sus antiguas partes desgarradas.

Pero también pude ver que en estas partes desgarradas de los árboles había una Luz Dorada Radiante y un nuevo retoño verde.

—Oh, cuanta alegría es, —decía mi mamagrande con lágrimas en sus ojos—, ver toda la vida, tan hermosa cuando nuestros ojos humanos ven a través del Ojo Derecho de Nuestro Cariñoso Dios—.

Al ver que las lágrimas corrían por el rostro de mi abuelita, como pude, pronto me bajé de nuestra pequeña carretilla roja y me dirigí a mi mamagrande, acurrucándome con ella en la enorme pata de elefante formada por raíces trenzadas de su gigantesco árbol de eucalipto.

Y ella me abrazaba y las lágrimas también salían de mis ojos, y ella tomaba su pañuelo blanco bordado para secar mis lágrimas.

—Y siempre recuerda, mijito, que nuestras lágrimas no son lágrimas tristes. No, son lágrimas de felicidad. Porque Dios me ha Bendecido para vivir lo suficiente y poder transmitirte el Conocimiento Sagrado de Nuestras Instrucciones Originales, y tu estas eres bastante joven para recibirlas—.

—Verás, todos los Seres Vivientes tienen sus propias Instrucciones Originales. Por eso las abejas saben qué hacer, las moscas saben qué hacer, las hormigas, las ranas, las gallinas y especialmente las mariposas—.

—Y la Primera Instrucción para nosotros, los humanos, es recordar siempre que Papito Dios está Eternamente y por Siempre Infundiendo, Respirando Amor, y más Amor a Toda Su Creación—

Escuchando esto, me emocionaba tanto que pataleaba con mis piernitas, gritando —¡Sí, y con cada Respiración llenamos nuestros Corazones para siempre con el Amor de Papito Dios!

—Exactamente, y por eso cada uno de nosotros necesita tener un lugar tranquilo a donde ir todos los días, para que podamos llorar nuestras lágrimas de Felicidad—.

—Porque estas lágrimas tranquilas y suaves, sin ira ni malicia, abren nuestros Corazones y permiten que nuestras Almas Respiren—.

—¡Respirando el Amor de Papito Dios! —Dije prontito.

—Sí, —dijo ella, sonriendo—, porque ¿de qué otra manera podríamos nosotros, los humanos, haber sobrevivido durante todos estos miles y miles de años desde...

—Pues, no somos tan inteligentes como las abejas —dije—. Y no somos tan fuertes como las hormigas, y no tenemos pelaje como el zorro, y...

—Y si no fuera por nosotros que, cantando los buenos días, —comenzó a decir mi mamagrande junto conmigo— al Ojo Derecho de Dios, para que entonces tengamos el Paraíso a nuestro alrededor todo el día—.

Fue entonces, que mágicamente, las mariposas llegaron hacia nosotros. Al principio dos o tres, luego hermosos enjambres. Y mi abuelita y yo nos volteamos despacio, extendiendo las manos y ¡las mariposas se posaban sobre nuestros brazos y hombros!

¡Oh, me sentí tan bendecido y lleno del Amor Cariñoso de Papito Dios! Y mi mamagrande ahora me cantaba en su lengua Indígena Nativa Yaqui con muchos chasquidos de lengua, y cada palabra sonaba Divinamente.

Luego, riendo de alegría, se levantaba de la gran pata de elefante del eucalipto, y me volvía a sentar en nuestra pequeña carretilla roja hecha por mi padre.

—¡Orale mis huaraches! —decía ahora, poniéndose de pie—, y mi abuelita Nativa Yaqui era alta. De hecho, era más alta que casi todas las demás mujeres de nuestro Barrio—.

—¡Lo logramos, mijito! ¡Hemos terminado! Hemos intercambiado todas nuestras verduras, y hemos dicho algo o hecho algo para hacer sonreír y reír al menos a 10 personas humanas, así hemos ayudado a Papito Dios a hacer de este un mundo mejor y más amable.

—Así que, bueno, ¡ahora podemos regresar a nuestra casita con la alegría del Santo Ronroneo de Nuestro Cariñoso Dios, yendo y viniendo de oreja a oreja alrededor detrás de nuestra cabeza!

Y diciendo esto, mi anciana y rechonchita mamagrande ahora comenzó a empujar nuestra carretilla roja conmigo arriba, ¡bailando gustosa y riéndose! pasamos los gigantescos árboles de eucalipto, volteando a la derecha directo al pequeño callejón llevándonos hacia nuestra casita.

Y ahora, yo también, comencé a reírme a carcajadas y a bailar mis bracitos con alegría. Seguimos por el callejón de tierra y piedras a lo largo de los grandes terrenos con las casas chiquitas de nuestros vecinos en el Barrio.

Y había sábanas de colores brillantes de naranja, amarillo, rojo, y blanco que bailaban con la brisa para secarse en los altos tendederos.

Y, viéndonos a mi abuelita y a mí, pasando por el callejón, bailando y riéndonos, nuestros vecinos nos saludaban con risa y alegría.

Los hombres con sus hijos trabajando en sus troques y carretillas de trabajo, y las mujeres y sus hijas con grandes cuchillos y largos palos de escoba, cortando las jugosas y coloridas tunas rojas, anaranjadas y amarillas, de sus altas y verdes nopaleras.

Y, otros vecinos, también estaban trabajando en sus hermosas hortalizas de verduras, y ahora estos también volteaban riéndose y saludando, a mi mamagrande que seguía bailando por nuestro callejón.

Y, también había chicos corriendo tras los perros, puerquitos y chivas. ¡Oh! ¡Nuestro Barrio de *CarlosMalo* era una maravilla de carcajadas y gritos de alegría!

Oh, era un gran gusto llegar a nuestra casita blanca con color turquesa al derredor de nuestra puerta y ventana, sabiendo que mi mamagrande y yo le habíamos ayudado a Papito Dios, a plantar su Sagrado Jardín de Paraíso con las Chispitas que nosotros y nuestro Ángel de la Guardia habíamos Juntado de las Estrellas.

Sueños

Al llegar a casa, mi abuelita y yo colocamos casi todo lo que habíamos intercambiado, en el refrigerador de mi mamá en nuestra casa más grande de enfrente. Luego empezábamos a hacer bolas de jabón de leche de chiva.

Mi mamagrande me explicaba que, el jabón de leche de chiva con yerbitas era el Milagro, y por eso ella tenía la piel tan suave y sin arrugas en su cara y en sus manos.

Y por eso, también, el jabón de leche de chiva con yerbitas saludables era la razón por la que mi padre y mi madre estaban tan felices, e incluso a las parejas de ancianos todavía les encantaba hacer el ¡ay, ay, ¡ay!

Luego, después de que terminamos de hacer las bolas de jabón de leche de chiva, mi madre a veces me bañaba con una de nuestras bolas de jabón recién hechas, y oh, se sentía tan suavecito y dejaba una linda sensación en toda mi piel.

Y ahora, cómo me gustaba acostarme y tomar mi siesta con mi mamá antes de que mi hermana y mi hermano mayores regresaran de la escuela a casa.

Pero otras veces, era mi mamagrande quien me bañaba, y yo me quedaba con ella y dormía mi siesta. Y, de cualquier manera, este era otro Paraíso de gusto para mí, durmiendo abrigadito cerca de mi mamá o de mi abuelita.

Luego, al despertar, ¡era otro Paraíso fabuloso y maravilloso! Porque ahora era la hora de la cena, y el sabroso aroma de los guisados corría por toda la casa. Y nuestra mesa, siempre era bulliciosa y alegre con nuestro papá sentado a la cabecera de la mesa.

Y todas las tardes nuestro papá se metía en problemas con mi mamá contándonos historias reales y divertidas sobre la Revolución Mexicana, y cómo él creció en Los Altos de Jalisco con rebaños de vacas, caballos, chivas y cerdos.

Y también nos decía que en esos tiempos cada rancho tenía una jauría de diez a quince perros que eran tan bravos que ni siquiera los

lobos y pumas se acercaban a sus ranchos grandes.

Oh, a todos nos encantaban las historias de nuestro papá, especialmente cuando nos contaba cómo la líder de su jauría era una madre perrita vieja y fea.

—¡Oh, era tan feroz, fea y mandona como nuestra buena vecina Doña Cuca, quien se pinta la cara como un payaso y se viste con ropas tan coloridas, que se cree muy preciosa!

—¡Salvador! —le gritaba nuestra mamá Lupe a nuestro papá— ¡No hables así! ¡Les estás enseñando a nuestros hijos a ser faltos de respeto!

—¡Está bien querida! Con demasiado respeto no podríamos gozar la vida, viviendo con todas las leyes de nuestra Iglesia, y las leyes del país, y especialmente todas las opiniones de nuestra gente que dicen: '¡No hagas eso' y 'no hagas aquello!'

—¡Oh, odio a los ricos! ¡Odio a los ricos! —comenzaba a cantar nuestro padre con carcajadas— ¡Los ricos no son buenos! ¡Nada buenos! ¡Nada buenos!

—¡Ya párale, Salvador!

—Pero ¿por qué? si mi madre, ¡mi pequeño saquito de huesos indígena! siempre decía, que, si hablamos mal de alguien, ¡Dios nos castigaría y nos haría tal como ellos!

—Así que, Dios mío por favor, ¡castigame! ¡castigame! ¡Dame un gran castigo y hazme rico! ¡muy rico! ¡Para poder comprar un rancho grande aquí en *CarlosMalo* como el que teníamos en Los Altos de Jalisco!

—¡Ven, amor de mi vida, dame un beso! —dijo mi papá, y se levantó bailando al derredor de la mesa acercándose a nuestra mamá— ¡Tú y tu familia, que sufrieron tanto, saben que tenemos que despertar a Dios, con un buen toque de gusto en las costillas, o no obtendremos nada, nada, nada!

Luego, levantando los brazos y mirando hacia el cielo, nuestro padre ¡gritó!: —Ándele Dios ¡castígueme! ¡castígueme! ¡castígueme y haz que nuestra familia sea ¡GRANDE, GRANDEMENTE, ¡RICA!

A estas alturas, nuestra mamá finalmente se dio por vencida y permitió que nuestro padre la besara. Porque no había forma de detener a nuestro papá una vez que se ponía tan efusivo y ¡reía! y ¡cantaba! y ¡siempre quería un beso de nuestra mamá!

Y se besaron, con un beso largo y amoroso. Y nosotros, los niños, que nos habíamos estado riendo, ¡pero también estábamos asustados de que Dios de verdad pudiera bajar del cielo y realmente castigar a nuestro padre! Pero después de ese beso tan cariñoso nos quedamos tranquilos y contentos.

Luego, después de la cena, nuestro papá encendía un gran puro, se ponía su sombrero vaquero y se iba a trabajar a su salón de billar.

Y todos los demás nos levantábamos de la mesa y ayudábamos a nuestra mamá y a nuestra abuelita a limpiar la cocina y a guardar todo, y seguíamos riéndonos y bromeando.

Nuestro Padre Sol estaba bajando, y una vez mas yo estaba tan emocionado, que quería ¡gritar con gusto! Porque ahora, todas las noches, mi mamagrande me envolvía en su colorido zarape y me llevaba rápidamente atravesando nuestro pequeño jardín de atrás, hacia su gran vieja silla mecedora que estaba junto a su letrina, y a un lado de su gran árbol de aguacate.

Y, porque su letrina estaba al lado de su árbol de aguacate, los aguacates de mi mamagrande eran los aguacates ¡más grandes y sabrosos de todo nuestro Barrio!

—Mira, mijito—, me decía mi abuelita, una vez que me había acurrucado en su gran silla mecedora, —mira cómo Nuestro Padre Sol, el Ojo Derecho de Dios, termina Su

Santa Obra todas las noches creando un colorido ocaso con un hermoso cielo—.

Yo miraba y era verdad. Más allá de nuestros altos árboles, todo el cielo parecía el propio Paraíso, con colores anaranjados, rojos, dorados y rayos de luz plateados que descendían a través de las nubes iluminadas ¡de colores mágicos!

—Oh, mi amorcito, somos muy bendecidos los que vemos la vida a través del Ojo Derecho de Nuestro Cariñoso Creador—.

Y diciendo esto, ella me llenaba de besos y más besos cariñosos, y luego decía: —Y ahora pongamos nuestras manos sobre nuestro corazón y digamos: —Buenas noches, Padre Sol, buenas noches, y que descanses bien. Porque ahora Nuestra Madre Luna, el Ojo Izquierdo de Dios, comenzará a regalarnos una Noche Milagrosa llena de Sueños Maravillosos—.

—Porque esto es lo que somos, los humanos, cuando cada noche volvemos al Cielo junto con nuestro Ángel de la Guarda, y descansamos en Tus Cálidos y Amorosos Brazos—.

—Nosotros somos tus Labradores de Sueños llenos de Maravillas y Milagros. Nosotros somos tus Instrumentos Sagrados para ayudarte a Ti, Nuestra Madre Luna, ¡a plantar el Cielo del Paraíso en las Madre Tierras a través de Todo Nuestro Universo!

—Y todas estas estrellas son nuestra familia—, pronto agregué.

—Sí, mijito, todas estas Estrellas, que ahora están saliendo y guiñándonos el ojo, son Nuestra Familia que vinieron aquí a la Madre Tierra, y plantaron sus Jardines Sagrados de Chispitas de las Estrellas, luego regresaron al Cielo de donde todos venimos—.

—¡Tío! —¡grité!— ¡Mira allá está Nuestro Grandioso Tío!

—Sí, —dijo mi mamagrande riéndose— y la estrella más grande y brillante de todas las que vemos en los Cielos es nuestro *gran, gran*, Tío Don Pedos, que estaba tan lleno de alegría y gases cuando estaba aquí en la Madre Tierra, y que podemos ver que todavía, ¡sigue lleno de alegría y de gases explosivos en los Cielos!

—¡Sí! —¡Grité!— ¡riéndome con grandes carcajadas! y ¡solté un montón de peditos!

—Sí, tú también disfrutas tanto de tus peditos, ¡que podrías acabar siendo una de las estrellas más brillantes de todos los Cielos!

Y yo me reí tanto, que ella acarició mi pancita cantando: —¡Sana, sana, colita de rana, echate un pedito y sánate mañana!

Y justo en ese momento, toda una familia de coyotes se unió a nosotros, en la distancia, aullando y ladrando junto con nuestros ¡cantos y carcajadas!

¡Tanto los padres coyotes, las madres coyotas, y los pequeños coyotitos de voces agudas! ¡Todos serenábamos a Nuestra Madre Luna, el Ojo Izquierdo de Dios, ¡y a la gran inmensidad de Nuestra Acogedora Familia de Estrellas Chispeantes y Luminosas!

Entonces un gran madre búho se posó en el árbol de aguacate a nuestro lado, y comenzó a cantar ululando, y sus ojos eran enormes, redondos y brillantes. Oh, todo se estaba oscureciendo Divinamente.

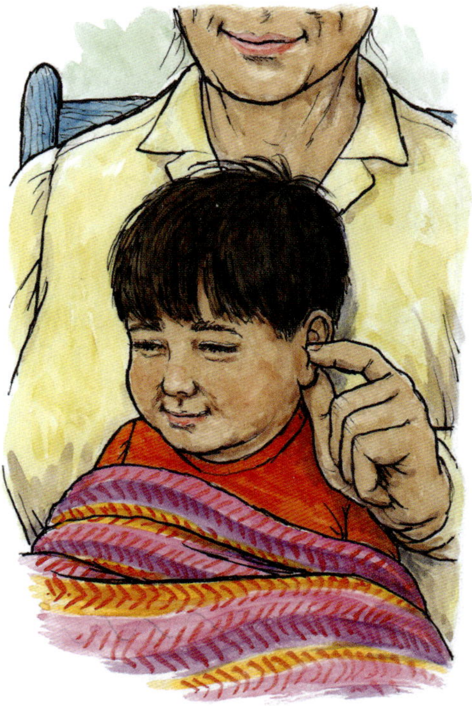

—Muy bien, ahora vamos a revisar tus orejitas, —dijo mi abuelita— tomando mi orejita izquierda, para que sientas el ronroneo de Papito Dios durante toda la noche—.

¡Oh, me encantó esto! La forma en que mi mamagrande tomaba suavemente mi oreja izquierda con su pulgar detrás del lóbulo de mi oreja y su dedo índice en mi oído.

—Esta oreja está un poco apretada esta noche, —dijo—, así que voy a tener que aflojarla un poco girándola y girándola, y luego dándole un pequeño masaje—.

Y oh, ¡me encantaba! especialmente con su dedo dentro de mi oído dando vueltas y vueltas mientras su pulgar giraba y retorcía el lóbulo de mi oreja, luego daba pequeños tirones y masajes.

—¿Cómo se siente tu oído ahora? — preguntó—.

—¡Se siente Divinamente!—

—Exactamente, —decía—, porque eso es lo que estamos haciendo, comenzando con tu oreja izquierda, en el lado del corazón de tu cuerpo, preparándote para tu viaje al Cielo junto con tu Ángel de la Guarda, para que ustedes dos puedan dormir, acurrucados en los cálidos y amorosos brazos de Nuestro Dios Cariñoso.

—¡Ahora le toca a mi otra oreja! —yo le decía—, ya que me había gustado tanto cuando me ajustó la oreja izquierda.

—Sí, claro, —decía ella— ahora vamos a revisar tu oreja derecha. El lado de tu cuerpo que está conectado a la Tierra. ¡Oh!, esta está un poco suelta, así que tendremos que apretarla—.

Y diciendo esto, me masajeaba la oreja derecha con el dedo índice sobre el oído y el pulgar detrás del lóbulo de la oreja, y esto se sentía tan Divino, ¡que ahora todo mi cuerpo comenzó a hormiguear de maravilla!

—Ahí está, —decía— ahora, los dos oídos están equilibrados. Así que ¿Lo sientes...?

—¡Sí! —Yo decía, emocionado— ¡Ahora puedo sentir el ronroneo de Dios de oreja a oreja haciéndome cosquillas en todo el cuello, atrás de mi cabeza!

—Ahí así quedó, —decía— ambas orejas están equilibradas. ¿Puedes sentirlo...?

—¡Sí! —dije emocionado— ¡Ahora siento el ronroneo de MamáDios de oreja a oreja y el cosquilleo en toda la nuca!

—Muy bien. Excelente. Y ahora cierra tus OjosCabeza, mijito, y abre tus OjosCorazón, para que tú, y tu Ángel de la Guarda puedan comenzar el Viaje de sus Almas.

—Porque recuerda, dormir en los amorosos brazos de Nuestro Cariñoso Dios es lo que mejor hacemos los humanos. Y es por lo que, a ti, y a tu Ángel de la Guarda, les encanta dormir y tomar pequeñas siestas, porque se despiertan sonriendo y, ¡a veces, hasta riéndose!

—Y también recuerda, que a medida que ustedes dos viajen de regreso por los Cielos, pasarán por muchas de las mismas Estrellas de las cuales ustedes dos juntaron Chispitas. Y es posible que vean pequeñas Chispitas Radiantes en estas Estrellas que desearían habérsela traído originalmente con ustedes.

—Pero, no te detengas. Sigue. Y después de haber dormido toda la noche en los cálidos y amorosos brazos de Nuestro Cariñoso Creador, sabrás si tú y tu Ángel de la Guarda quieren recoger esas Chispitas Brillantes con Destellos dorados de las Estrellas en su camino de regreso.

—Porque, esta es Nuestra Infinita Lluvia de Oro que nosotros, los humanos, hemos estado trayendo a todos Nuestros Jardines Sagrados —junto con Nuestros Primos Estelares de las Seis Hermanas Planetas— desde que Nuestra Madre Tierra era joven y Nuestra Familia Estelar se expresaba y nosotros, los humanos, sabíamos escuchar—.

Pero las palabras de mi abuelita ya no eran más que un sueño muy, muy lejano. Porque, mi Ángel de la Guarda y yo, ahora, nos habíamos ido, lejos, lejos. ¡Ya no éramos parte de Nuestra Madre Tierra, y estábamos en Armonía con nuestro latido del tambor de Todo Nuestro Universo!

Un verso.

Una canción.

Una sinfonía unida.

Un sueño mágico.

Un sueño ronroneante.

Un sueño Espiritual.

¡Un sueño de cálido Amor abrazando a nuestro Creador Cariñoso por siempre y para siempre!

Íbamos de regreso a Casa, volviendo a cruzar Nuestros Cielos y pasando por Nuestras Estrellas de las cuales habíamos juntado Nuestras Chispitas para ayudar a *MamáPapito Dios* a plantar Nuestro Cielo de Paraíso en la Madre Tierra.

Como nosotros, los humanos, lo habíamos estado haciendo por toda una eternidad en miles y miles de otras Madres Tierras. Porque esto es lo que somos, los Ayudantes de Dios Creando la Creación. Los Realizadores de Milagros de Dios.

—¡Buenas noches, Madre Luna! ¡Buenas noches! ¡Buenas noches! ¡Oh, te amamos tanto!

Y al escucharnos, Nuestra Madre Luna bailó y se puso aún más brillante y feliz cuando mi Ángel de la Guarda y yo, seguimos volando y la dejamos atrás.

¡Estábamos tan felices! ¡GRANDEMENTE FELICES! ¡que no podíamos dejar de sonreír! Oh, estar con mi mamagrande había sido maravilloso todo el día, y ahora la maravilla continua durante toda la noche.

Así, que tomé una gran *DiosRespiración* mientras mi Ángel de la Guarda y yo viajábamos a tal velocidad a través de los Cielos, que ahora Nuestra Madre Tierra era solo un pequeño grano de arena en la Magnitud de la Creación.

Y mi Ángel de la Guarda y yo, ahora, éramos INSTRUMENTOS GIGANTÍSIMOS, tal que nuestra Alma se extendía hasta los rincones más lejanos de Nuestro Universo.

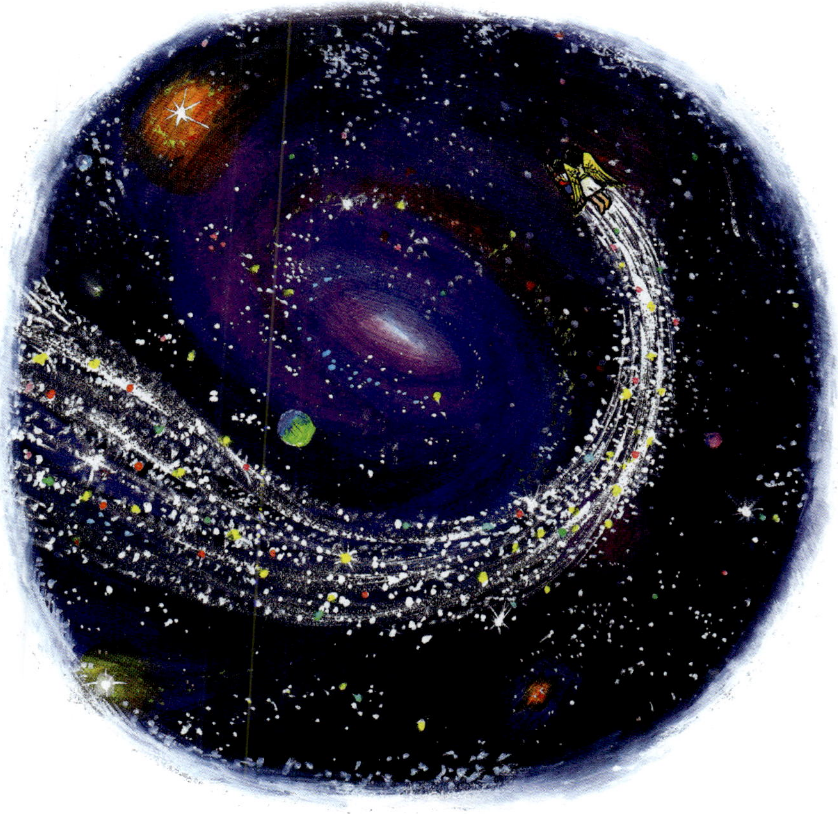

Paraíso

Era la semana antes de la Santa Navidad, y esta noche nuestro Barrio comenzaría su celebración anual de las Sagradas Posadas durante nueve noches seguidas.

Las Posadas son una tradición en nuestra cultura latinoamericana representando cuando Santa María y San José iban de puerta en puerta con su burrito, tratando de encontrar un lugar para pasar la noche en espera del nacimiento de Jesús.

Y como siempre en nuestro Barrio, unos jóvenes interpretaban los personajes de Santa María y San José, tocando de puerta en puerta, para luego terminar en la cochera de la familia Muñoz, que una vez más la habían convertido en granero y pesebre en espera del nacimiento de Jesús.

Oh, esta era una gran celebración anual con gente de varias culturas que venían de todo el norte del Condado de San Diego, incluyendo quienes no eran latinos, para luego convivir y disfrutar de música, tamales, atole, champurrado, y piñatas para los niños pequeños.

Y así, esta noche, nueve días antes de Navidad, estábamos sentados a la mesa preparándonos para cenar, cuando nuestro padre entró por la puerta principal, gritando:

—¡Dios todavía nos está castigando! ¡A LO GRANDE! ¡He encontrado nuestro rancho! Nuestro gran rancho está en el Sur de Oceanside, ¡y está a la venta!

—¡Oh, es tan hermoso con grandes huertas de aguacates, naranjas y limones, y rebaños de ganado y caballos, y también un enorme granero lleno de máquinas agrícolas, e incluso un tractor rojo grande y nuevecito!

—¡Vamos, súbanse todos al auto y vayamos a verlo antes de que se oscurezca! ¡Está en el Sur de Oceanside, a menos de dos millas al norte de aquí!

—¡Salvador, la cena está lista! —dijo nuestra mamá— ¡Y, sabes que esta noche es nuestra primera noche de posadas! Podemos ir a ver el rancho mañana.

—Si, pero vamos ahorita pronto, y volveremos con tiempo suficiente para nuestra posada—.

—¡Oh, Salvador! —dijo nuestra mamá con frustración— Y, ¿qué te hace pensar que podemos comprarlo? ¡La verdad es que apenas la estamos pasando, especialmente con todo el trabajo adicional de nuestra nueva licorería!

La prohibición había terminado, y mis padres habían vendido su salón de billar, con ello compraron una licencia de licor y abrieron la primera tienda de licor en Carlsbad, a solo una cuadra al norte de nuestro Barrio de *CarlosMalo*, y donde las calles estaban pavimentadas.

Las licencias estatales de bebidas alcohólicas eran terriblemente costosas, y nuestra mamá no estaba de acuerdo en comprar una. Pero nuestro papá había seguido insistiendo en que vender licor legalmente iba a ser una mina de oro, incluso mejor que haber traficado con licor a lo ilegal.

Pero había gran cantidad de documentos que necesitaban ser leídos y firmados y nuestro padre no sabía leer, así que nuestra madre había hecho todo el trabajo y la licencia finalmente se obtuvo a su nombre también.

Y nuestro padre, con sus antecedentes y récords de prisión, no podía legalmente tener nada que ver con su licorería. Así que ahora era nuestra madre, —y no nuestro padre— quien trabajaba largas horas día y noche, haciendo pedidos de mercancías, contabilidad, nómina, operaciones bancarias y pagando algo, llamado impuestos, lo que nuestro padre odiaba.

—¡Lupe! ¡Lupe! ¡Somos ricos! Simplemente deja lo pasado, abre tus ojos y ve dónde estamos ahora, mi amor—.

—¡Sí, sí, veo que estoy trabajando! ¡Trabajando como una esclava! Oh, Salvador, ¿qué no ves que solo estás diciendo tonterías? Ahora mismo, nuestra propia gente está dejando California y regresando a México, donde pueden sentirse seguros—.

Pearl Harbor había ocurrido un par de años atrás. Y la gente todavía estaba aterrorizada de que Japón fuera a bombardear a California en cualquier momento.

—Mi amor, —dijo nuestro padre— mira, cálmate y recuerda lo que siempre decía mi Sagrada madre, un saquito de huesos indígena, que, *—donde hay miedo, hay oportunidad, si nosotros mismos no tenemos el miedo—*.

—Y esta es una oportunidad única en la vida. La única razón por la que este hermoso rancho está a la venta es porque los canadienses, que eran dueños, se asustaron y se fueron de regreso a Canadá, diciéndole a nuestro juez local Cottingham que lo vendiera por lo que se pudiera.

—Y el juez, ha llevado a mucha gente a ver el rancho, pero no ha podido cerrar ningún trato, ¡así que esta es nuestra oportunidad! ¡Ahora mismo!

—¡Vamos querida! ¡Súbete al coche y vas a ver las más fabulosas y grandes naranjas en pleno invierno colgando de los árboles! Y árboles de aguacate, y de limones, ¡todos llenos de fruto!

—Oh, te digo mi amor, ¡esto es más grande y mejor que CUALQUIER SUEÑO QUE YO HAYA TENIDO! Los caballos y el ganado están gordos por pastar en esas bellas lomas que bajan hasta las tierras junto al mar—.

Las lágrimas corrían por el rostro de nuestro padre.

—Lupe, sé lo duro que estás trabajando y ya no tienes mucho tiempo para nuestros hijos, pero por favor entiende, este es un momento para regocijarse y dar gracias a Dios, después de todos nuestros años de sufrimiento, ¡porque ahora, por fin nos está regalando nuestros sueños!

—¡Ven, dame tu mano, mi amor! —agregó con lágrimas corriendo por su rostro— y aceptemos este Regalo, este Sueño que tanto, tanto hemos anhelado—.

Pero nuestra madre todavía estaba muy dudosa, hasta que nuestra mamagrande habló.

—Mijita, ve con él y llévate a los niños. Guardaré la cena para cuando vuelvan.

—Recuerda lo que siempre te he dicho, los hombres no cargan al bebé, no amamantan al bebé, y por eso nosotras, las mujeres, necesitamos ayudarles a cargar y amamantar sus sueños o ellos se pierden—.

—Y mijita, el sueño de Salvador es por el bien de toda tu familia. No es como tantos hombres que solo piensan en sí mismos. Así que ve, Lupita, ve y regocija la llegada de este Gran Sueño, llévate a los niños, —le dijo, guiñándole un ojo—.

Viendo a su madre guiñándole el ojo, nuestra mamá finalmente sonrió, con esa pequeña sonrisita torcida y traviesa muy de ella, y tomó la mano de nuestro padre.

Y, por supuesto, el rostro de nuestro padre se iluminó con una gran sonrisa, acercándose a él y dándole a nuestra mamá un gran y largo beso.

Entonces, ¡todos nos levantamos y salimos corriendo por la puerta de enfrente y nos amontonamos en el grande oscuro auto verde Hudson de nuestro padre! Y una vez más nuestro papá comenzó a presumir de que tenía la suegra más inteligente y sabia de todo el mundo, quien, por supuesto, le recordaba a su propia inteligente, sabia, astuta madre.

HUDSON

Y fue un pequeño viaje, rápido fuera del Barrio y pasando por el centro de Carlsbad donde las calles estaban pavimentadas y tenían banquetas.

Luego entramos en la carretera *California State Highway 101*, cruzamos una laguna con gente pescando en un puente chiquito, y ya estábamos en Oceanside.

Más adelante, dimos vuelta a la derecha por un camino de tierra, pasando por casas rurales con huertos y algunas también tenían corrales.

—Y casi, ya llegamos, —dijo nuestro padre—, ¡regocijándose de gusto! Y todos estos son pequeños ranchos de diez, veinte o cuarenta acres. El nuestro es el último rancho de 160 acres. Una milla cuadrada, que por supuesto, fue robada de nuestros Hermanos Nativos de esta región.

—Oh, a los canadienses les encantó este rancho, plantaron nuevas huertas y reconstruyeron los graneros y corrales, luego también pusieron un piso de concreto para ordeñar vacas de una manera limpia y moderna.

—¡Pero la pobre gente, perdió su fe en los Sagrados Sueños que Dios les dio, y huyeron! Pero nosotros, los mexicanos, nunca le huimos a la Vida por ningún motivo, ni a nuestros Sagrados Sueños que Dios nos da, pase lo que pase.

—Por ejemplo, estábamos muriéndonos de hambre y con los cañones explotando a nuestro alrededor, y mi pequeña madre anciana nos hizo arrodillarnos y orar, pidiendo a María, la Madre de Jesús, que nos concediera vivir un Momento Santo más, luego, otro Bendito Momento Santo más, esto es cuando yo aprendí que los Sueños son nuestro poder para seguir viviendo, pase lo que pase.

—Bueno —dijo dando vuelta a la izquierda—, ¡A partir de aquí, todo esto es nuestro rancho, a los dos lados del camino hasta lo más lejos que podemos ver!

—Miren, ¡árboles de aguacate gigantes a la izquierda, y a la derecha, naranjos y limones que se extienden a lo largo de la llanura y suben por la ladera hacia nuestras lomas de pastura para nuestro ganado y caballos!

—¡Oh, Lupe, mi amor! —dijo con lágrimas en sus ojos una vez más— recuerdo cómo mi pequeña madre, un saquito de huesos indígena, siempre nos decía que a Dios le encanta regalarnos nuestros Sueños, ¡especialmente cuando Le hacemos cosquillas con diversión—.

—¡MIRA! ¡UN PAVO REAL! —gritó emocionada nuestra mamá— ¡Es tan hermoso!

Entre los naranjos a nuestra derecha, un pavo real alto y elegante desplegaba su enorme arco de colorido plumaje en cortejo a un grupo de hembras pavorreales.

Y las grandes y relucientes naranjas colgaban de los árboles alrededor de la parvada de pájaros de relucientes colores, que lucían tan impresionantes y magníficos, ¡que, simplemente, nos dejaron sin aliento!

—Sí, y esos pavorreales también son nuestros, y son los guardianes de nuestro rancho. Hasta me han dicho que los coyotes andan con cautela a la hora de cazar a los faisanes, porque les tienen tanto miedo a los tremendos gritos de los pavorreales ¡que son medio silvestres!

—Oh, Salvador —dijo nuestra mamá, tomando la mano de nuestro papá— este rancho es un sueño hecho realidad. ¡Desde niña he soñado con tener pavorreales algún día!

—Sí, lo sé, —dijo él— tomándole la mano con cariño, y dándole un beso.

Y nuestra madre se acercó a nuestro padre, abrazándolo, pero yo ya no les presté mucha atención a nuestros padres.

En ambos lados del camino había gigantescos eucaliptos mucho más altos que las huertas de aguacates, limones y naranjas. Y las enormes ramas se arqueaban en el camino sobre nosotros al pasar.

¡Oh, Milagro de Milagros! era como si hubiéramos entrado en un enorme y alto túnel de gigantescos árboles con patas de elefante y sus ramas llenas de Angelitos Bailando a nuestro alrededor y ¡sobre nosotros!

No recuerdo mucho más después de nuestra primera visita a nuestro gran rancho, excepto cuando finalmente llegamos a la casa donde íbamos a vivir.

La casa era grande y vieja, y enfrente, tenía un enorme, gordo y feliz árbol de Pirul. Pero ¡oh cuando entramos adentro y tuve que ir al baño, pronto me enamoré del baño que me recordaba al de mi mamagrande! ¡Fue amor a primera vista!

Todos estaban hablando y nuestro padre explicaba que él sabía que esta casa era vieja. Que en efecto tenía más de 100 años y se estaba desbaratando.

—Y, sí, los canadienses invirtieron todo su dinero en los graneros, corrales, maquinaria agrícola y también en la casa de los trabajadores del rancho—.

—Pero no se preocupen, —continuó diciendo nuestro papá— con tiempo, podemos derribarla y construirnos una nueva casa—.

Al escuchar esto, ¡casi grité! porque yo nunca quería que esta antigua casa fuera derribada.

Porque en la esquina detrás del excusado, las dos paredes se habían separado cerca del techo, y ahora crecían hermosas enredaderas verdes con flores amarillas en las paredes adentro y casi llegaban hasta el excusado.

¡Oh, este baño era casi tan hermoso como la letrina de mi mamagrande! Con su altarcito en la esquina y con macetitas con flores y los largos rayos dorados de luz del Sol de Papito Dios que entraban por las grietas entre las tablas de las paredes.

Durante el camino de regreso a nuestro Barrio de *CarlosMalo*, nuestro papá nos dijo que no dijéramos ni una palabra sobre nuestro rancho grande a nadie. Que teníamos que mantenerlo en secreto hasta que cerráramos nuestro trato con el Juez Cottingham.

No recuerdo mucho de nuestras Posadas de ese año. Todo lo que sabía era que estaba esperando a que mi abuelita y yo estuviéramos a solas para poder contarle las cosas fantásticas que había visto en nuestro nuevo rancho.

—¡Oh, mamagrande! —le dije emocionado— una vez que estábamos solos y ella me estaba acurrucando para dormir—. Al entrar a nuestro rancho, hay un Gran Túnel Mágico alto y largo de gigantescos árboles elefantes.

—Y estos árboles son tan viejos y felices que las pezuñas de sus patas de elefante se mueven, y los Angelitos bailan en sus grandes y largas ramas, y también cantan con el ritmo del mar—.

—Sí, lo sé—.

—¿Lo sabes?

—Por supuesto, a través del Ojo Derecho de Papito Dios estuve contigo, mijito—.

—¿Estuviste conmigo?

—Estuve con todos ustedes, —dijo, besando mi frente con cariño— y siempre estaré con todos ustedes, aún mucho después de que deje mi cuerpo terrenal y regrese a ser Espíritu—.

—Entonces también viste las enredaderas verdes y las flores amarillas en la...—

—En la esquina desde el techo arriba del excusado, sí, por supuesto. Todo tu Corazón se abrió con alegría, dándole Vida a tu Alma, así que, por supuesto, yo estuve contigo—.

Me quedé sin palabras.

—Y ahora dime, —dijo—, ¿qué más viste en ese rincón de la esquina arriba del excusado?

—Me encogí de hombros. No se me ocurría otra cosa.

—Solo cierra tus *OjosCabeza*, mijito y abre tus *OjosCorazón*, y toma unas cuantas grandes y profundas *DiosRespiraciones*, y verás Milagros—.

—De repente, lo vi. —¡Hay un pequeñito nido de pajaritos con un hilo rojo tejido entre sí!

—Sí, un nido de colibríes, que regresarán en la primavera. Y tus *OjosCabeza* vieron esto, pero se necesitan Nuestros *OjosCorazón* para registrarlo.

—¿Y es por eso, por lo que quisiste gritar cuando tu padre dijo algo sobre destruir la vieja casa?

—Entonces, mamagrande, ¿tú también sabes lo que yo sentía, y hasta lo que yo pensaba?

—¿Qué no nos dijo Nuestro Señor Jesús, que cada uno de nosotros tiene el Reino de Dios dentro de nosotros?

—Asentí con la cabeza. Esto lo había escuchado muchas veces en la Iglesia Católica de San Patricio los Domingos.

—Bueno, así es. Y el Reino de Nuestro Cariñoso Creador incluye todo lo que hay, así que cuando vemos la vida a través de Su Ojo Derecho, entonces también sabemos todo lo que hay que saber—.

—Así que, mijito, no tengas miedo de que esa vieja casa sea destruida. Tu padre fue criado como mujer durante los primeros siete años de su vida, a Nuestro Antiguo Modo Nativo por su madre, Doña Margarita, por eso es un hombre equilibrado en la Sagrada Energía de Nuestro Padre Sol y de Nuestra Madre Luna.

—De hecho, por eso él te dijo, cuando estaban entrando en tu nuevo rancho grande, que nosotros los mezclados mexicanos no perdemos la Fe y no corremos, aún cuando nos estamos muriendo de hambre y cuando los cañones explotan a nuestro alrededor.

—Porque, como él dijo, recuerda siempre que este es Nuestro Tiempo de Orar, pidiéndole a Nuestra Sagrada Madre de Dios que nos bendiga con un Momento Santo más de Vida, y luego con otro Bendito Momento.

—Y en Nuestro Mundo Espiritual, un Santo Momento es, por supuesto, una Eternidad —dijo, sonriendo—, y una suave Luz Dorada Radiante la rodeó.

—Entonces, mamagrande, tú no solo nos estabas viendo a través del Ojo Derecho de Dios. Estabas viviendo con Dios en el momento de Eternidad con nosotros adentro del corazón y el Alma de Papito Dios—.

—Con cada una de mis respiraciones —dijo sonriendo—, y su Luz Resplandeciente se hizo más y más intensa.

—Oh, mamagrande, —le dije— ahora tú estás toda Resplandeciente, tal como vemos que Nuestros Árboles lo hacen todas las mañanas cuando estamos dando Gracias—.

—Sí, lo sé, —dijo ella.

—¿Resplandeceré yo también alguna vez? —preguntó—.

Ella se echó a reír. —Mijito, ¡tú también estás Resplandeciente!

—¿Lo estoy? —

—Sí, y muchos otros humanos también Resplandecen, pero simplemente no pueden verlo, porque nunca reconocieron sus Instrucciones Originales—.

—¿Y yo los veré Brillar aún cuando ellos no puedan verse a sí mismos Brillando? —Pregunté—.

—Oh, sí, mijito, y te parecerán tan hermosos, aún cuando ellos no puedan ver su propia Belleza Milagrosa.

—Por eso, es nuestro Bendito Deber que cada vez que salgamos de nuestra casa, decir o hacer algo para hacer sonreír al menos a 10 personas.

—Verás, parte de Nuestras Instrucciones Originales es ayudar a Papito Dios a hacer de este, un mundo mejor y más amable, tal como lo hemos estado haciendo en todo el Universo desde siempre—.

De repente sentí un poco de miedo. ¿Qué pasa si me no puedo hacerlo? Y ella vio mi mirada preocupada y se río.

—No nos corresponde a nosotros preocuparnos, —me dijo— porque todos estamos llenos con el Amor Mágico de Nuestro Cariñoso Dios, y pase lo que pase, la Sagrada Magia no puede ser detenida.

—Mira, tu padre también tenía razón cuando se refirió a esos canadienses, como pobres gentes que habían perdido su Fe en su Sagrado Sueño que Dios les había Regalado.

—Porque huir de un Sagrado Sueño regalado por Dios cierra Nuestros Corazones más fuerte de lo que podemos imaginarnos, y casi destruye nuestra Alma.

—¡Por eso toda tu vida, mijito, sigue, sigue, sigue tus Sueños Sagrados con todos tus poderes Mágicos Regalados por Dios!

—Oh, te digo mijito, que esos pobres canadienses, trabajadores y de buen corazón, ahora viven en el norte, que es tan frío, en agonía, y con las manos congeladas, cuando sus manos siempre estaban calientitas aquí en el sur de California cuando ordeñaban sus vacas en su establo moderno, limpio, y calientito—.

—Me sonreí.

—¡Oh, me sentí tan feliz y Bendecido!

Plenitud

¡Nuestro papá había cumplido su Sueño!

Con dinero en la mano, fue a ver al Juez Cottingham, y de hombre a hombre, hizo un trato fantástico, y ahora el grandioso rancho ¡era nuestro!

Pero, nuestra mamagrande, no quería mudarse con nosotros a nuestro enorme rancho en el Sur de Oceanside, que estaba a solo un par de millas al norte de *CarlosMalo*.

Y, por supuesto, yo no quería irme sin ella, así que yo también me negué a mudarme.

—Mijito, —me dijo mi abuelita— tienes que irte con tu familia—.

—Pero tú eres nuestra familia, así que ven con nosotros—.

—Mírame —dijo, acariciándome la cara—,

soy anciana. Mis días están contados. Tú eres joven, y tienes muchos días de vida—.

—¡No, no! ¡No quiero muchos días sin ti! —

—Nunca estarás sin mí, —dijo sonriendo—. ¿Te recuerdas del nido de pajaritos que no te diste cuenta de que lo veías hasta que te hice cerrar tus *OjosCabeza* y abrir tus *OjosCorazón*?

—Sí, —dije—.

—Bueno, mijito, cada vez que entres al baño en tu nuevo hogar, al mirar esas enredaderas verdes con las hermosas flores amarillas, aún con tus *OjosCabeza* podrás ver ese nido de pajaritos—.

—¿Podré verlos?

—Sí, por supuesto. Y cuando los colibríes regresen, cierra tus *OjosCabeza* y abre tu *OjosCorazón*, y me verás—.

—¿Te voy a ver? —pregunté, desbordado de emoción—.

—Sí, con nuestros *OjosCorazón* no solo vemos toda la Creación, sino que *VemosSentimos* el Alma de la Creación—.

—¿De verdad podemos hacer eso?

—Sí, y por eso Nuestros Seres Queridos vienen a visitarnos muy a menudo en forma de Colibríes o Mariposas desde el Otro Lado de la Vida para visitarnos en este lado de la Vida.

—Y cuando nazcan las crías de Colibrí —añadió— verás que somos tú y yo. Este es Nuestro Continuo Milagro de Vida. Porque todos estamos Naciendo de nuevo por Siempre, entre el Santo Aliento de Dios—.

—¿Entonces tú y yo seremos esos pajaritos bebés? —pregunté—, sonriendo de emoción.

—Exacto —dijo ella—. ¿Por qué crees que la gente se pone tan feliz y emocionada cuando nacen los gatitos? ¿O nacen los perritos?

—¿Por qué crees que Doña Cuca ama tanto a la mamá puerquita y a los cerditos chillones, tanto, que estuvo dispuesta a arriesgar su vida cuando fue tras ese camionero con su escoba?

—¿Por qué crees que San José y Santa María terminaron en un pesebre con una vaca y su becerrito, con borregos y corderitos, cuando Santa María dio a Luz al Niño Jesús?

—Verás, mijito, cada vida, recién nacida nos reconecta con Nuestra Propia Aventura Mágica de haber venido a través del Universo Juntando Chispitas de las Estrellas, junto con Nuestro Ángel de la Guarda.

—Así que, mijito, te mudas con tu familia a nuestro rancho grande —dijo— porque tienes mucho que aprender de todos los Nacimientos de los caballos, las vacas, los perros, y especialmente del perro del rancho; *Shep*, que fue criado por su madre coyote.

—Mundito, —dijo ahora—, llamándome con cariño por mi segundo nombre, Edmundo, —y recuerda que cuando te sientas un poco perdido o asustado, sierra tus *OjosCabeza*, y abre tus *OjosCorazón*, y sentirás el Ronroneo del Gran *TamborCorazón* de Todo Nuestro Universo—.

—Empezando en mi oreja izquierda, —dije, sonriendo—, y yendo detrás de mi cabeza hasta mi oreja derecha—.

—Exactamente. Y cada generación trae su Propias Chispitas de las Estrellas, y cada generación escucha su Propio toque de *TamborCorazón* el cual es el ronroneo del...

—El ronroneo del Corazón de nuestras Estrellas llega a todos los rincones del Universo, —dije— ¡con mucha emoción!

Ella se rió, y sus ojos bailaron con gusto. —Has escuchado muy bien, mijito, y ahora, ¡dame un gran abrazo!

Brinqué a sus brazos. Sí, yo era lo bastante joven para escuchar, y ella había envejecido lo suficiente para ser una Anciana Sagrada.

Y ahora, con este entendimiento de qué hacer si alguna vez me siento un poco perdido o asustado, y pude aceptar mudarme a nuestro rancho grande en South Oceanside, junto con mis padres y mi hermana y hermano mayores.

Y fue entonces, cuando supe que nuestra madre estaba embarazada, y ahora también debido a las creencias de todos los nuevos amigos americanos de nuestros padres, incluyendo un médico que tomaba mucho, este nuevo bebé sería el primer bebé de nuestra familia nacido en un hospital.

¡Oh, las cosas se pusieron tan confusas!

Y cuando íbamos a visitar a mi mamagrande en *CarlosMalo*, se veía tan solita y enferma que finalmente aceptó venirse a vivir con nosotros al rancho.

¡Oh, yo estaba tan feliz! GRANDE, GRANDE, GRANDEMENTE, ¡FELIZ!

Pero ya no se levantaba temprano, para que pudiéramos dar Gracias a Nuestro Padre Sol junto con nuestras Sonrientes Hermanas Flores y nuestros Hermanos Pájaros Cantarines.

Empecé a sentir todo frío, aún cuando me metía debajo de las cobijas con mi abuelita. Era como, que, ahora que no estábamos dando Gracias todas las mañanas a Nuestro Padre Sol, el Ojo Derecho de Dios, ya no podía sentir lo caluroso que me acogía en Sus brazos, ni el hermoso Ronroneo.

Entonces, como si esto no fuera lo suficientemente doloroso, nuestro médico americano le dijo a mi mamá que nuestra abuelita estaba enferma, así que no debía acurrucarme más con ella.

¡LLORÉ!

¡GRITÉ!

Y mi mamagrande le dijo a mi mamá que quería ver a nuestra propia curandera, la curandera, que también había sido la partera que me había traído al mundo.

Vino la anciana risueña, vestida de muchos colores y nos alegramos mucho de verla. Luego, después de revisar a mi abuelita, nos dijo que mi mamagrande no estaba enferma en lo absoluto.

Nada más, que, ella había decidido que es hora de irse, así que estaba bien que me acurrucaba con ella.

¡Oh, esto fue maravilloso para mí!

Ah, y el Gran Toque del Tambor del Universo ¡regresó instantáneamente a mí con un ronroneo cálido y agradable!

Y, ahora, una vez más podía abrazar a mi mamagrande todo el día y toda la noche.

Entonces ella falleció.

Se fue, se Fue tranquilamente al Otro Lado de la Vida, mientras dormía con una pequeña sonrisa preciosa.

Y, nuestro viejo rancho, y vieja casa se llenaron de invitados, pero ya no recuerdo mucho acerca de todo eso.

De lo que sí me recuerdo muy claramente, es, que, unas noches después de Su Partida, me desperté antes del amanecer.

—¡Levántate, mi amorcito! me susurró, —y vístete—.

Miré a mi alrededor. Podía oír a mi mamagrande, pero no podía verla.

—Nada más cierra tus *OjosCabeza* y abre tus *OjosCorazón* —me dijo—.

Lo hice como me dijo, y al instante La vi, estaba sonriendo, y lucía muy joven y hermosa.

—Ponte tus nuevas botas de vaquero y encuéntrame donde te mostré que hay un jardín de hierbitas silvestres que crecen en el área pantanosa de nuestro rancho—.

Me vestí, me puse mis botas de color turquesa, mi chaqueta *Levi*, mi sombrero de vaquero, y salí de prisa por la puerta principal, corriendo al pasar nuestro frondoso, feliz y sonriente árbol de pirul.

Desde la cima de la loma, pude ver que, de este lado de los tules, estaba mi mamagrande con otras tres personas nativas.

Bajé rápidamente sobre la larga loma. La luz del sol apenas empezaba a pintar el cielo detrás de mí en colores amarillos, naranja y rosa, así que todavía estaba bastante oscuro y poquito frío aquí abajo, en la área pantanosa.

—Ven, acércate —dijo mi mamagrande— Estos son algunos de los Curanderos Originales de este Sagrado Jardín de Hierbitas Medicinales. Y me han obsequiado el gran honor de permitirme unirme con ellos.

—Verás, mijito, todos venimos de nuestra Madre Tierra, así que no hay enfermedad terrenal que no pueda ser curada con una de Sus Hierbitas—.

Pude ver que cada uno de ellos, tenía un pequeño cuchillo con gancho en la mano derecha, al lado de su cuerpo, que trabaja la Tierra. Y también tenían una pequeña bolsa de cuero sobre la cadera izquierda, al lado del cuerpo del Corazón.

Y sus cabezas estaban inclinadas hacia abajo mientras buscaban cuidadosamente entre todas las pequeñas plantitas.

—Mijito, algunas de estas pequeñas plantas son hierbas de la Madre Luna, por eso deben cortarse antes de que la Luz de Nuestro Padre Sol las toque—.

Un anciano y delgado Curandero Nativo se acercó y le mostró a mi abuelita la hierbita que acababa de cortar.

Sonriendo, mi mamagrande exhaló un par de suaves *DiosRespiraciones* sobre la hierbita, y al instante la pequeña plantita comenzó a resplandecer.

El anciano Curandero Nativo se echó a reír, y tanto él como mi mamagrande empezaron a hablar con mucha rapidez en su Lengua Nativa y con mucho entusiasmo tal, que, todo el jardín de hierbitas medicinales empezó a Ronronear.

¡Todas las plantitas!

Cada grupo de plantas.

Ronroneando, resplandeciendo y cantando juntos en una sinfonía de un suave, gentil y susurrante toque de tambor, redoblado por los Sagrados Ocho Ancianos, quienes rodeaban Nuestro Gran Tambor y estaban transmitiendo la Música del *CorazónAlma* a la siguiente generación.

Y justo en ese momento, tal como una Magia, Nuestro Padre Sol comenzó a irradiar rayos de luz dorada por encima de nuestras cabezas y a través de los altos tules.

Mi abuelita y los tres curanderos dejaron de trabajar, y voltearon a ver nuestro Milagro de Otro Dia que nos ha Regalado Dios.

Sonriendo, mi mamagrande me tomó de la mano, y yo también no podía dejar de sonreír mientras observábamos juntos la venida de Nuestro Padre Sol, el Ojo Derecho de Dios, tal como lo habíamos hecho todas las mañanas en nuestro viejo Barrio de *CarlosMalo*.

Y todo estaba en silencio.

Ni un sonido.

Pero luego, a medida que los Rayos Dorados de Luz continuaban iluminando toda el área pantanosa, dando Vida a toda la Creación Creando, ¡el mundo entero de repente EXPLOTÓ con bellos Sonidos!

¡Primero los sapos y los grillos!

¡Cientos de ranas chiquitas, grandísimos sapos, y millones de grillos cantores!

¡Luego, de los tules surgieron miles y miles de pájaros negros con manchas de color rojo en sus alas REVENTANDO de alegría con sus cantos!

Y más allá de los altos tules, también salieron cientos de patos, graznando muy fuerte y emprendiendo vuelo.

¡Riéndome de emoción a carcajadas! rápido voltee a ver a mi abuelita, y, ella, también estaba ¡riéndose a carcajadas!

Entonces, aquí en frente de nosotros, una venada cierva con su pequeña cervatilla salieron de los tules, pero no se sintieron temerosas de nosotros.

Oh, no al contrario, se acercaron a nosotros, y la pequeña cervatilla extendió su cabeza hacia mí para olerme con su diminuta y linda nariz, pero no trató de oler a mi abuelita.

Y la venada cierva se quedó allí solamente moviendo su cola en paz, y sin prisa de retirar a su cervatilla de nosotros.

Supongo, que para la venada cierva y su cría nosotros éramos solamente otra parte de la naturaleza.

Oh, no podía dejar de sonreír, y extendí la mano para acariciar la cabeza suave y sedosa de la cervatilla, y se dejó que le acariciara su cuello largo y cálido.

¡Ah, este era el Paraíso!

¡Aquí mismo! ¡Ahora mismo! ¡Para Siempre y por Siempre! ¡No hay miedo en el Paraíso de la Naturaleza!

Y luego, de los tules salió una gran zorrilla madre con cinco zorrillitos pequeños.

Oh, los pequeños zorrillitos se veían tan lindos y adorables, y dos de los pequeños se acercaron a mis botas de color turquesa.

Sonriendo, me agaché y recogí uno de los bebés sin temer que su madre me rociara.

No había Temor.

El miedo no puede existir cuando todo está lleno a plenitud con Confianza y Amor.

El otro zorrillito, que también se había acercado a mí, ahora se estaba subiendo a la punta de mi bota derecha, así que también lo levanté.

La venada cierva y su cervatilla empezaban a subir por la loma detrás de mí, pastando tranquilamente.

Entonces, ¡oh!, Milagro de Milagros, ante mis mismísimos *OjosCorazón*, ¡toda la alta loma cubierta de verde ahora cobró VIDA con miles y miles de pequeñas flores amarillas abriéndose, sonriendo y bailando llenas de júbilo a Nuestro Ojo Derecho de Dios!

Y al instante, justo en el momento oportuno, los pájaros cantores iniciaron sus cantos a todo nuestro alrededor, ¡Era una Gran Sinfonía de Música dando gracias a Papito Dios Nuestro Cariñoso Creador!

Y como si esto no fuera suficiente, llegó el grito CHIRRIANTE de nuestros pavorreales que se posaban en los imponentes eucaliptos del Mágico Túnel a la entrada de nuestro rancho grande.

Volteé hacia mi mamagrande y ella estaba toda Resplandeciente. Y no necesité preguntar. ¡Sabía que yo también estaba ahora Resplandeciendo!

Bajé a los dos pequeños zorrillos al suelo y mi abuelita y yo pusimos nuestras manos sobre nuestros Corazones, y también comenzamos a cantar junto con toda la Creación Creando, dando gracias a Nuestro Padre Sol, el Ojo Derecho de Dios.

Lágrimas de alegría corrían por mi rostro. Por ahora, todo el día estaría viendo la Vida, a través del Ojo Derecho de Nuestro Cariñoso Creador, y sabía que siempre sería parte del Paraíso de Nuestro Cariñoso Dios, que está lleno de Amor Mágico y Milagros Sagrados.

—Bueno, mijito, —me dijo mi mamagrande es hora de que me retiré con mis Compañeros Espíritus, pero te volveré a ver mañana—.

—¿De verdad? —

—Por supuesto. ¿Qué no te dije que nunca te dejaría, aún mucho después de que dejara mi cuerpo terrenal y regresara al Espíritu? —

—Sí, me lo dijiste. —

—Mijito, recuerda siempre que cuando un ser querido Pasa al otro lado de la Vida, lo que realmente están haciendo, es acercando a todo el Mundo Espiritual más cerquitas a ti—, agregó, sonriendo, Resplandeciendo y aún más Brillante.

—¡Sí, con Colibríes y Mariposas! —

—Exactamente. —

—¡Oh, te quiero tanto abuelita! — le dije, extendiendo mis brazos para abrazarla.

Y ella me tomó en sus brazos, y me abrazó y me besó muchas veces. Y, como siempre mi abuelita se sentía tan rechonchita y calientita ¡me sentí tan feliz!

Luego, después de tomar juntos unas cuantas *DiosRespiraciones* profundas, ella se apartó suavemente de mí y tomó mi oreja izquierda en su mano, le dio un pequeño masaje y la ajustó. Luego mi oreja derecha, también le dio un masaje y la ajustó.

¡Y al instante yo estaba Ronroneando!

Luego me besó en la frente, y me vio ojos a ojos, Alma a Alma, y, se fue.

Sonreí.

Me reí de alegría.

Y mis lágrimas de felicidad siguieron fluyendo.

Porque ahora, sabía que mi mamagrande, quien ya no estaba en Este Lado de la Vida, se había ido al Paraíso, pero, aún así, ella estaba realmente Aquí conmigo, Ojo a Ojo por Siempre, porque este es el Paraíso. Y también, ella me dijo que me miraría otra vez mañana.

AHORA

¿Quién Eres Tú?
¿Quién Soy Yo?
¿Quiénes Somos?

Bueno, quiero que sepas que unos meses después de que mi mamagrande Pasó al Otro Lado de la Vida, ¡nació mi hermanita Flora Linda!

Y unos días después de que la trajeron a la casa del hospital, la miré viendo más allá de nuestros padres y parientes que nos visitaban.

Así que volteé para ver ¿qué estaba viendo? y allí estaba mi mamagrande ¡toda Resplandeciente a la entrada de la puerta!

¡Y esto era una maravilla! Ya no estaba yo solo viendo a nuestra mamagrande.

Y recientemente, ahora que Flora Linda y yo estamos en nuestros felices y bendecidos años de los 80, le pregunté a mi hermana ¿cuáles son unas de las mejores memorias de su infancia?

—¡Ninguna! me dijo, —Excepto una. La de una mujer que estaba parada junto a la puerta. Sola. Aparte de todos los demás. ¡Y estaba tan llena de luz, que me sentí, pues, segura y feliz!

—Y ¿ese es tu único recuerdo?

—El único que en realidad recuerdo hasta este día. Ella nada más estaba allí sonriendo y estaba tan en paz y llena de Luz, que como dije, me sentí segura y feliz—.

Así que, ahora te pregunto, querido lector: ¿Cuáles son algunas de las primeras memorias de tu niñez?

Nada más toma un par de grandes *DiosRespiros* y cierra tus *OjosCabeza* y abre tus *OjosCorazón*, y te sorprenderás.

Mágicos pequeños brillantes destellos de ESPLENDOR de memorias de Luz te llegarán, ¡y serás tan feliz! ¡GRANDE, GRANDEMENTE FELIZ!

El CorazónSintiendo
El AlmaLuciente

Pequeñas Chispitas de Grandes, Grandes, Memorias Felices

Mi Casa, Tu Casa

Mi Familia, Tu familia

Los Hombres, Nuestros Héroes

Las Mujeres, Nuestras Líderes Naturales

Los Niños, Nuestros Angelitos

Una Raza, Nuestra Raza Humana

Juntando Chispitas de las Estrellas

Tú Yo Nosotros

Sobre el autor

Víctor Villaseñor, autor del bestseller Lluvia de Oro – "Rain of Gold", creció en el barrio de Carlsbad, California, con su familia y su querida mamagrande. No hablaba inglés cuando empezó la escuela, y reprobó el tercer grado dos veces. Tenía alrededor de 40 años cuando descubrió que es excepcionalmente disléxico, tanto auditiva como visualmente, y por eso no aprendió a leer hasta los 20 años. Convertirse en un autor de bestseller demuestra que incluso las personas con discapacidades pueden lograr grandes cosas. La fuente utilizada en *Juntando Chispitas de las Estrellas* es Atkinson Hyperlegible Next, especialmente diseñada para lectores disléxicos.

www.victorvillasenor.com
@victorvillasenor

Sobre el ilustrador

Jack Wiens vive en Ashland, Oregón, donde pasa tiempo en la naturaleza y en su estudio de arte. Ha ilustrado más de 40 libros y ha escrito e ilustrado Lo Que Dijo el Oso "What Bear Said" y Atendiendo Nuestro Dolor "Tending Our Grief". También fue consejero profesional durante 33 años.

"No hay accidentes. Jack Wiens fue un regalo de Dios y estamos muy agradecidos de que este gran ilustrador, que vive con un oso, viniera a nosotros y que su oso se uniera a mi mamagrande para guiarlo. Seremos amigos para toda la vida". —Víctor

www.jackwiens.com

Equipo de Ensueño de *Chispitas de las Estrellas*

Este equipo de mujeres dinámicas fue fundamental en la creación de este libro. Dedicadas a relatar la historia tal como la vivió Víctor, cada una aportó su talento único al proyecto.

Teri Rider Quien ha sido la talentosa mano derecha de Víctor por muchos años, y colaboró con Víctor y Jack para que la historia resonara a lo largo de las páginas. Su talento y encantador diseño de la maquetación lo consolidó todo para que tú, lector, lectora, puedas disfrutar leyendo y compartiendo cada página.

Linda Villaseñor, la intuitiva hermana de Víctor, aportó recuerdos de la vida real a las historias, recordando detalles de su mamagrande y su familia. Linda mantuvo un mensaje claro y atractivo en redes sociales sobre el próximo libro y todos los eventos relacionados con su lanzamiento, que luego se presentó con éxito al mundo.

Carmen Blum es el amor de Víctor, con quien se casa cada día en un hermoso ritual. Es originaria de Michoacán y ha sido miembro del Servicio Comunitario del Condado Norte de San Diego por más de 35 años. Carmen compartió su perspectiva sobre la cultura, el idioma, los sentimientos y los recuerdos, conectando y acogiendo la escritura y las ilustraciones de Espiritualidad Milagrosa que *Juntando Chispitas de las Estrellas* brinda a toda la humanidad. Además, realizó la edición final de español.

Comencé a escribir el 16 de septiembre 1960

Querido lector, lectora, quiero que sepas que desde que empecé a escribir, mucha gente con estudios me ha dicho que mi inglés y mi español no son correctos y que deberían corregirse. Les digo que mis padres eran del rancho, que no tenían estudios, y que escribo como ellos hablaban y no quiero corregirlos. Eso destruiría el espíritu de sus vivencias y la esencia de cómo vivían y veían la vida.

Y quiero que sepas que Carmen y Alejandra me ayudaron a mantener la integridad de nuestras verdaderas historias con el español ranchero mexicano de mi mamá, mi papá y toda nuestra familia. — Victor

Libros por Víctor Villaseñor

En inglés	**En español**
Gathering StarDust	Juntando Chispitas de las Estrellas
Rain of Gold	Lluvia de Oro
Thirteen Senses	Trece Sentidos
Wild Steps of Heaven	Pasos Locos al Cielo
Burro Genius	Burro Genio
Crazy Loco Love	
Walking Stars	Estrellas Peregrinas
Snow Goose Global Thanksgiving	
Dolphin Miracles	
Beyond Rain of Gold	
Transformation Revisited	
Lion Eyes	
A La Brava (Macho!)	

Libros infantiles en inglés y español:

Goodnight, Papito Dios	Buenas Noches Papito Dios
Frog and His Friends Save Humanity	La Rana y Sus Amigos Salvaron a la Humanidad
The Stranger and the Red Rooster	El Forastero y el Gallo Rojo
Little Crow to the Rescue	El Cuervito al Rescate

Guiones:

The Ballard of Gregorio Cortéz

Walkout